www.twitter.com/carpinejar

Do autor:

As Solas do Sol

Cinco Marias

Como no Céu & Livro de Visitas

O Amor Esquece de Começar

Meu Filho, Minha Filha

Um Terno de Pássaros ao Sul

Canalha!

Terceira Sede

www.twitter.com/carpinejar

Mulher Perdigueira

Borralheiro

Ai meu Deus, Ai meu Jesus

Espero Alguém

Me ajude a chorar

Para onde vai o amor?

CARPINEJAR

www.twitter.com/carpinejar

2ª edição

Copyright © Fabrício Carpi Nejar, 2009

Capa e ilustração: Sérgio Campante

Editoração: DFL

2016
Impresso no Brasil
Printed in Brazil

CIP-Brasil. Catalogação na fonte
Sindicato Nacional dos Editores de Livros, RJ

```
C298w    Carpinejar, 1972-
2º ed.         www.twitter.com/carpinejar/Carpinejar. - 2º ed. Rio de Janeiro:
         Bertrand Brasil, 2016.
         86p.

         ISBN 978-85-286-1408-4

         1. Citações. I. Título.

09-4881                                              CDD - 808.882
                                                     CDU - 82-84
```

Todos os direitos reservados pela:
EDITORA BERTRAND BRASIL LTDA.
Rua Argentina, 171 – 2º andar – São Cristóvão
20921-380 – Rio de Janeiro – RJ
Tel.: (0xx21) 2585-2070 – Fax: (0xx21) 2585-2087

Não é permitida a reprodução total ou parcial desta obra, por
quaisquer meios, sem a prévia autorização por escrito da Editora.

Atendimento e venda direta ao leitor:
mdireto@record.com.br ou (21) 2585-2002

Para Eduardo Nasi e Cínthya Verri,
que começaram essa brincadeira.
Como de costume, terminei de modo sério.

"Só nos tornamos cúmplices da vida quando dizemos – de todo coração – uma banalidade."
Cioran, em **Silogismos da Amargura**

APRESENTAÇÃO

Fabrício Carpinejar (1972-2009)
"A garrafa está vazia, mas não fui eu que bebi tudo."

No prédio pichado da escola Imperatriz Leopoldina, eu conversava pelos canos.

Colega ficava no térreo e eu gritava do segundo andar.

Era um orelhão sem fio. Divertíamos com as palavras entupindo os encanamentos. Quantas lagartixas, baratas e insetos não ficaram surdos? Quantas chuvas escorreram com nossos ecos?

Talvez quisesse ser "um cano furado", provocação maliciosa de Nelson Rodrigues a Otto Lara Resende, condenando sua preguiça em anotar epifanias.

Mas não consigo, escrever é também pensar fiado. Otto não anotava porque sabia para quem falava. Anoto porque não confio nem em mim.

Prefiro aproximar a solidão das calhas com a das pedras. Ser uma escada de voz entre o telhado e o solo, entre as ervas que crescem por engano nas telhas e a grama plantada com exatidão.

Se for possível, não deixarei minha morte inédita. A banalidade também merece ser escrita.

Trato de gastar a respiração no papo furado. Não invento isolado. Minha autoria é muito emprestada. De todo escritor é.

O pensamento tem uma corda invisível, o talento está em distender ao máximo sua distância.

Tudo é resposta. Réplica de um desejo antigo.

Não queria entrar no Twitter. Foi mais um cano em minha vida. Não me interessava descobrir o que as pessoas estavam fazendo, costumava justificar que intimidade é descobrir o que não estão fazendo. Mas minha namorada e um amigo criaram minha página e começaram a postar. Tive medo de ser mais inteligente como sósia do que como original. Assumi o domínio por fraqueza e tratei de ampliar a minha vulnerabilidade. Percebi que 140 caracteres são o suficiente para sangrar. É do tamanho de uma gilete.

Podia explorar as frases de efeito, bagunçar as veias, como quem faz do tempo o seu quarto. Sempre fui leitor de aforismos: Pascal, Chamfort, La Rochefoucauld, Karl Kraus, Goethe, Cioran. Ou dos brasileiros Millôr, Murilo Mendes, Jorge de Lima, Antonio Maria, Clarice Lispector, Mario Quintana, Ponte Preta, Daniel Piza, Luis Fernando Verissimo. Consistia numa chance de exercitar a densidade, a sentença filosófica, o provérbio, a rasteira, o relâmpago. Síntese implicante, clarão do desconforto, que contraria lugares-comuns e condicionamentos. Que assume a advocacia do ordinário.

Esse livro segue a desordem dos dias, pensamentos que nasceram para a viuvez, sem trama, enredo e poema que o justifique. Sem numeração. Sem encadeamento previsível. Com a instabilidade emocional. Transmite uma noção fiel do que significa: sou somente inteiro em cada fragmento.

Ou é apenas mais uma molecagem de minha infância.

Jogo pedra na vidraça e saio correndo, com o coração explodindo junto.

TWEETS

Quem anota para não esquecer esquece que o livro tem memória fraca. 40 minutes ago from web

Não posso me defender da calúnia, não é um ataque pessoal, é uma outra vida. about 1 hour ago from web

O olhar de despedida é o mais bonito: o que confere se não esqueceu nada no olhar do outro. about 1 hour ago from web

Acho que ouvia errado o conselho paterno de não apanhar vento. Era não apanhar do vento. about 2 hours ago from web

Total contradição do amor: queremos conhecer quem amamos e, ao mesmo tempo, desejamos que seja imprevisível. about 12 hours ago from web

Quem confessa os erros não significa que está arrependido, pode estar se antecipando à crítica. about 12 hours ago from web

Não me tornei mais verdadeiro com o tempo, fiquei apenas sem paciência. about 12 hours ago from web

A compaixão nada tem de solidária. Não sofremos pelo outro, sofremos ao pensar o quanto sofreríamos no lugar do outro. about 12 hours ago from web

Todos têm um preço é uma visão otimista. Hoje todos têm uma dívida a pagar. about 20 hours ago from mobile web

Nada mais lamentável do que uma loucura forjada: uma loucura com hora para terminar. 11:57 PM Sep 6th from web

O suspiro é um soluço passado a limpo. 11:56 PM Sep 6th from web

O ciumento gosta tanto do seu papel que esquece o motivo do ciúme. 11:36 PM Sep 6th from web

Nunca bebo uísque para tomar coragem; não é bom misturar. 11:15 PM Sep 6th from web

O desesperado vai se arriscar bem mais. A roleta prefere os azarados. 11:06 PM Sep 6th from web

Os demônios nunca pedem a palavra. Perdem a palavra. 10:44 PM Sep 6th from web

O grunhido é um gemido sem orgasmo. 10:33 PM Sep 6th from web

A volúpia é um pânico contente. 10:27 PM Sep 6th from web

Partilho meus mistérios com três amigos. Cada um vai espalhar uma versão diferente e mantenho o segredo. 10:11 PM Sep 6th from web

Eu não sei para falar, estou tentando descobrir.
5:25 PM Sep 6th from mobile web

Não me desesperava mais na adolescência, só não tinha medo do ridículo. 11:40 PM Sep 5th from web

O que é autêntico acaba em sátira. O que é falso não sobrevive à paródia. 11:39 PM Sep 5th from web

Irreverência é uma solidão que não há como ser partilhada. 10:39 PM Sep 5th from web

Escrevo somente quando recebo ordens. Por isso tenho dupla personalidade. 5:25 PM Sep 5th from web

Fujo de amigos virtuosos. A virtude do outro é cobrança. 5:17 PM Sep 5th from web

Pássaro também arrota. 5:04 PM Sep 5th from web

Se eu perdi a razão, como vou reencontrá-la?
4:52 PM Sep 5th from web

Procuro os botões extraviados de minha infância nos olhos das marionetes. 4:32 PM Sep 5th from web

Uma árvore pode rir sem vento fazendo cócegas.
4:11 PM Sep 5th from web

Hiena nunca ri: sua risada é fome. 3:48 PM Sep 5th from web

Só perdi a virgindade para me livrar dessa palavra feia. Queria logo atingir a obscenidade. 1:35 PM Sep 5th from web

Não se vicie na maldade, ela nunca se satisfaz. 1:00 PM Sep 5th from web

Ser recusado não é problema, o problema é quando concordamos. 12:33 PM Sep 5th from web

Consolação às mulheres insistentes: um brinco pode ser um anel. 12:09 PM Sep 5th from web

O cansaço estraga a minha preguiça. 11:43 AM Sep 5th from web

Entre o latido e o uivo, há uma diferença de geração. 11:19 AM Sep 5th from web

Acreditar é ainda esperar pelos resultados. Confiar não depende dos acertos. 11:09 AM Sep 5th from web

O tédio é uma tristeza que não sonha. 10:53 AM Sep 5th from web

Usei toda a energia para não eliminar minhas contradições. 10:47 AM Sep 5th from web

Profundo pode ser o que ficou mal explicado. 10:20 AM Sep 5th from web

Abandonamos a utopia quando abrimos uma conta no banco. 10:05 AM Sep 5th from web

O medroso tem uma imaginação exuberante. Não cansa de fantasiar e criar hipóteses. Sua falta de ação é sobrecarga de pensamento. 3:59 PM Sep 4th from mobile web

Não peço desculpa pela minha ignorância, agradeço. 10:44 PM Sep 3rd from mobile web

O que une os amantes não é o sexo, é a falta de tempo. 6:06 PM Sep 3rd from mobile web

A chuva é a reprise do rio. 5:47 PM Sep 3rd from mobile web

Quando o casal não se confessa termina sua história como um Segredo de Justiça. 2:45 PM Sep 3rd from web

Amor verdadeiro é redundância. Ou é amor ou é nada. 10:52 PM Sep 2nd from mobile web

A elegância, o carisma e o bom humor desaparecem com a dor de cabeça. Basta a enxaqueca para aumentar loucamente nosso índice de rejeição.
11:11 AM Sep 2nd from web

Chorar não significa que o livro é bom. Já chorei diante de tanto filme B. 10:51 AM Sep 2nd from web

Promessa é para ser testada antes da hora. Senão acontece com defeitos. 5:35 PM Sep 1st from web

Vejo gente que se esforça para ficar alegre, eu tenho que me esforçar para ficar triste. 1:57 PM Sep 1st from mobile web

Não sou de dar motivo para briga, sou bem mais irritante, prefiro tirar os motivos. 10:54 AM Sep 1st from web

Escutar não é deixar de falar. É deixar de se ouvir. 10:53 PM Aug 31st from web

Não me interessa transfigurar, sou fiel ao tato. 10:51 PM Aug 31st from web

O silêncio tem um espanto que me excita. 10:33 PM Aug 31st from web

O fracasso é sinal de reconhecimento. Somente pode existir antecedido de um sucesso. 11:15 AM Aug 31st from web

Merecer um amor não significa sofrer por ele. É antecipá-lo quando ninguém ainda acreditava. 10:21 AM Aug 31st from web

Que eu não seja mais curioso do que a minha dor. Que fique no corpo para receber as notícias. 9:48 AM Aug 31st from web

Antes de beijar, soprar. Para espalhar o início do beijo pelo corpo. 2:04 AM Aug 31st from web

Sempre que minha mãe me critica em público tenho certeza de que minha namorada gosta mais de mim. 5:06 PM Aug 30th from web

Casamento é para iludir, encontrava realidade de sobra fora dele. 5:03 PM Aug 30th from web

O ônibus me ensinou: um passo à frente não significa conforto. 1:07 PM Aug 30th from mobile web

Errar duas vezes é inteligência. A burrice mal erra uma e se arrepende. 12:53 AM Aug 30th from mobile web

Danças são criadas pelos passos em falso. 12:52 AM Aug 30th from mobile web

A maior frustração para quem gosta de brigar é ouvir que tem razão no início da conversa. Terá que desativar seu arsenal de argumentos. 11:56 AM Aug 29th from web

Cansado, toda janela é um travesseiro transparente. 11:49 AM Aug 29th from web

Arrumar a cama é preparar um envelope para nos guardar. 6:59 PM Aug 28th from mobile web

Desde a queima de sutiãs, o fogo usa lingerie. 4:55 PM Aug 28th from web

Homem que discute o relacionamento quando sua mulher pede satisfação não entendeu o recado. 3:30 PM Aug 28th from web

O medo é o único sentimento que vem embrulhado e não adivinhamos o que tem dentro. 3:20 PM Aug 28th from web

Brinquedo mesmo na infância era o aspirador de pó. Os irmãos levantavam os pés, raro momento em que me obedeciam. 3:19 PM Aug 28th from web

Não entendo como Deus gosta tanto das crianças. Lendo a vida sofrida dos santos, vejo que Ele não sabe brincar. 3:05 PM Aug 28th from web

Triste a insistência do suicida: além de perder a confiança na vida, tem a sua morte desacreditada. 9:17 AM Aug 27th from mobile web

Ninguém em casa me avisou que escrever poesia seria minha primeira tentativa de suicídio. As outras internações não doeram. 9:14 AM Aug 27th from mobile web

Não há como esconder a excitação, o homem se confessa no abraço. 2:52 PM Aug 26th from web

Amar não é fazer as vontades do outro, é desfazer as nossas vontades. 2:17 PM Aug 26th from web

Literatura é educar para o avesso. Quando educa para o conhecido, já é sermão. 2:12 PM Aug 26th from web

Não conheço beijo que não seja roubado. Beijo dado só o da despedida. 1:54 PM Aug 25th from mobile web

Eu me inundo por bem pouco. 12:06 PM Aug 25th from mobile web

Gostaria que alguém recolhesse minha insignificância. 7:08 PM Aug 24th from web

Meus olhos são estojo de violão. Cheiro da música guardada. 6:48 PM Aug 24th from web

Epitáfio do crítico: Não sei cozinhar, mas adoro fritar os outros. 4:40 PM Aug 24th from mobile web

Toda experiência nos ensina a ser cauteloso. Todo conselho nos orienta a ser cuidadoso. Parece que viver só nos acovarda. 12:53 AM Aug 24th from mobile web

O excesso de nossa dor nos torna indiferentes à dor do outro. A dor exige pobreza para ser generosa. 11:03 AM Aug 23rd from web

Sofro mais ao desligar o rádio do que a televisão. Interromper uma voz é falta de educação. 11:02 AM Aug 23rd from web

A água largou o ensino superior. Pagava a universidade e as aulas da chuva com as moedas que largávamos na fonte. Vivia de nossas promessas. 10:52 AM Aug 23rd from web

As virtudes não têm estilo. Meus defeitos acabam exagerando. 10:39 AM Aug 23rd from web

O segredo é carente. Não depende de intimidade para ser contado. Que o digam os garçons e as manicures. 4:34 PM Aug 22nd from web

Não troque o caráter pela ideologia. A ideologia nos envelhece muito rápido. 1:40 PM Aug 22nd from web

No amor, fico complacente com os outros e bem mais exigente comigo. 11:39 AM Aug 22nd from web

É possível perder o que não tenho. O amor me lapida para me dilapidar. 11:38 AM Aug 22nd from web

Se é para ser o último a saber, quero todos os detalhes. 11:25 AM Aug 22nd from web

A pedra nos humilha com sua lealdade. 11:21 AM Aug 22nd from web

O sax me convence que nem a solidão é minha. 11:12 AM Aug 22nd from web

Vicente, meu filho de 7 anos, me explica: "O mosquito é um pavio de vela". Deve acender com o nosso sangue.
5:31 PM Aug 21st from web

Um eco não volta, nós é que o perseguimos. 5:00 PM Aug 21st from web

Dificilmente alguém se apaixona por si a ponto de não se dividir com ninguém. 4:40 PM Aug 21st from web

Manter uma promessa é não mudar a opinião de um sentimento. Muito próximo da frieza. 4:05 PM
Aug 21st from web

Quando não precisamos mais da vida, a vida começa.
3:31 PM Aug 21st from web

Faço o que escutei que nunca deveria fazer na infância.
2:55 PM Aug 21st from web

Egoísmo é não dispensar as coisas pelo medo de que alguém possa aproveitá-las melhor. 2:21 PM Aug 21st from web

O sebo é o cemitério de autores vivos. 11:52 AM Aug 21st from web

O relâmpago pula com os pés juntos porque não aprendeu a nadar. 11:49 AM Aug 21st from web

A boa música desvia a conversa. A grande música desvia o pensamento. 10:41 AM Aug 21st from web

Viver ofende. Temos uma morte inteira depois para pedir desculpa. 10:06 AM Aug 21st from web

Tenha pena dos gênios. Preservo minhas falhas para não ser plagiado. Como a prepotência de afirmar isso. 9:40 AM Aug 21st from web

Quando não sobrevive, o náufrago salva o mar dentro dele.
2:56 PM Aug 19th from web

Sábio é quem destrói as certezas do outro. 2:50 PM Aug 19th from web

O homem já mostra seu machismo tossindo. 2:50 PM Aug 19th from web

Não posso estar em todos os lugares ao mesmo tempo, mas posso estar em todos os tempos de meu lugar.
2:43 PM Aug 19th from web

RECENSEAMENTO: Confio agora em você, conseguiu provar que nunca existiu. 2:41 PM Aug 19th from web

RENDIÇÃO: Converso com as paredes, a porta responde.
2:35 PM Aug 19th from web

REVISÃO: Vamos para a praia redescobrir o tédio?
2:32 PM Aug 19th from web

REMORSO: O problema é que você não fez e tampouco fiquei sabendo do que é capaz. 2:31 PM August 19th from web

REPOSICIONAMENTO: Por favor, venha para perto, preciso de menos espaço para me denunciar. 2:27 PM August 19th from web

RETALIAÇÃO: Eu prometo me vingar de ti na minha próxima namorada. 2:26 PM August 19th from web

RETIFICAÇÃO: Eu errei para treinar o lugar da ferida. Agora sei onde dói. 12:37 PM August 19th from web

REPARAÇÃO: Hoje sou capaz de lembrar do que ainda nem vivemos. 12:26 PM August 19th from web

RECONCILIAÇÃO: Foi bom ter me separado de ti, mas não melhor do que quando nos casamos. 12:25 PM August 19th from web

A sutileza da ternura produz um tremor, que é muito mais intenso e inteiro do que o choque da violência.
11:43 AM Aug 19th from web

Maturidade é diferenciar a tentação da encrenca.
A tentação é o desejo certo no momento errado.
Encrenca é desejar o momento errado. 8:51 PM
Aug 18th from web

A gente busca converter os outros para permanecer igual.
8:50 PM Aug 18th from web

O pecado não me constrange, o que me constrange é explicá-lo. 8:49 PM Aug 18th from web

O último amor será o primeiro. Avançar é mudar o passado. 8:48 PM Aug 18th from web

Quando confesso a verdade, acalentada durante uma década, ninguém se comove. E volto a mentir. 8:46 PM Aug 18th from web

Quer saber como seu marido ficará? Olhe para sua mãe. 8:45 PM Aug 18th from web

Madrugada em claro não traz clareza. 6:33 PM Aug 18th from web

Não basta te amar com toda força, tenho que te amar com toda fraqueza. 2:11 AM Aug 18th from web

Não há escultura que não nasça de maus-tratos. 9:37 AM Aug 17th from web

De tanto olho gordo, as mulheres emagrecem. 12:53 AM Aug 17th from web

A falsidade é involuntária: um excesso de presença. Tudo o que é muito em pouco tempo parece falso. 11:11 PM Aug 16th from web

O chato é o insistente triste. O amoroso é o insistente alegre. 10:48 PM Aug 16th from web

Não menosprezo uma faísca atrasada, responsável pela maior parte dos incêndios de noite. 9:49 PM Aug 16th from web

Toda mania de limpeza surge de uma infância muito suja. 9:48 PM Aug 16th from web

Quando uma amiga confessa que gosta de vagem, sinto uma tremenda inveja da imaginação dela. 9:32 PM Aug 16th from web

Meu riso vem da ausência de graça. Estou rindo sempre do fracasso da piada. 9:21 PM Aug 16th from web

A pior vergonha está escondida na arrogância. 9:19 PM Aug 16th from web

As lagartixas são baratas sociáveis. 9:18 PM Aug 16th from web

Na discussão, costumo gritar não para ser ouvido, mas para me ouvir. 9:01 PM Aug 16th from web

Sarcasmo do cemitério: o escritor morre mesmo numa gaveta. 9:00 PM Aug 16th from web

As perguntas erradas geram as melhores respostas. 8:28 PM Aug 16th from web

Quem empresta livro e cobra de volta é um falso avarento. O autêntico sovina é o que não leu, muito menos lembra que tem o livro. 7:37 PM Aug 15th from web

O cachorro inventou o cochilo. 7:33 PM Aug 15th from web

As rosas vendidas em restaurantes são prostitutas tentando encerrar a noite. 12:52 PM Aug 15th from web

A morte é, enfim, poder roncar ao lado de estranhos. 12:32 PM Aug 15th from web

As virtudes só são representadas por canastrões. Bons atores estão no inferno. 12:31 PM Aug 15th from web

Uma dor que se repete já é profissional. 12:29 PM Aug 15th from web

Amor verdadeiro se busca na rodoviária. Amor falso se deixa no aeroporto. 12:19 PM Aug 15th from web

POPULAR: celebridade depois da fama, de natureza familiar. Aquele que desejamos receber em nossa casa. 12:18 PM Aug 15th from web

FAMOSO: celebridade instantânea, inacessível. Aquele de quem desejamos conhecer a casa. 12:17 PM Aug 15th from web

Só o fato de lembrar me deixa alegre. Mesmo que seja para conviver de novo com as piores tristezas. 12:00 PM Aug 15th from web

Quando as roupas eram engomadas mascava mais a nudez. 11:57 AM Aug 15th from web

Consciência nunca é um problema para quem não abandona o inconsciente. 5:09 PM Aug 14th from web

A mentira é coerente. A verdade é contraditória. 5:06 PM Aug 14th from web

Amigo é aquele que tem todos os motivos para brigar e nos perdoa por antecipação. 5:02 PM Aug 14th from web

Familiar é aquele que não tem nenhum motivo para brigar e nos condena sem perguntar. 5:00 PM Aug 14th from web

Não acordar na hora de trabalhar, cancelar compromissos e encontros. A preguiça é corajosa. Enfrenta o mundo por um pouco mais de descanso. 4:50 PM Aug 14th from web

Aulas de datilografia não funcionavam: o batuque seduzia mais do que a letra. 6:03 PM Aug 13th from web

No casamento, escolhemos um lado da cama para ficar. Depois da separação, somos obrigados a sofrer pela cama inteira. 6:00 PM Aug 13th from web

De tanto avisar que já vou, nunca voltei para mim.
5:54 PM Aug 13th from web

Eu me complico de propósito. A facilidade nunca traz recompensa. 5:44 PM Aug 13th from web

Simplicidade: quando quem escuta é mais importante do que aquele que fala. 5:40 PM Aug 13th from web

Um espelho despedaçado nos enxerga por inteiro.
5:31 PM Aug 13th from web

Escritor se contenta com pouco. Crítico destaca voz própria e autor suspira de alegria. Festeja o que já tinha antes de publicar o livro. 5:30 PM Aug 13th from web

Tarado é todo homem que decidiu falar a verdade.
5:17 PM Aug 13th from web

Sou um mau exemplo dando bons conselhos. 7:33 PM Aug 12th from web

A residência passa a ser nossa quando lembramos de recolher a roupa antes da chuva. 7:32 PM Aug 12th from web

Sou fiel às migalhas: desde pequeno, junto os farelos da toalha de mesa com a concha da mão. 7:31 PM Aug 12th from web

Não há como ser sábio na paixão, senão ela não acontece.
7:07 PM Aug 12th from web

Minha mãe dizia para não procurar confusão na escola. Fui obediente, procurei fora dela. 4:55 PM Aug 12th from web

Pena que o fósforo do peixe vem molhado. #PARA O MILLÔR 4:53 PM Aug 12th from web

A filosofia começa onde a poesia termina. O filósofo herda o quarto bagunçado do poeta. 4:44 PM Aug 12th from web

O mais complicado na paternidade é ser justo, não generoso. 4:33 PM Aug 12th from web

O chuveiro é o cabide da nudez. 4:31 PM Aug 12th from web

Nunca é um elogio quando a mulher fala que você é bem objetivo. Um centroavante é capaz de aceitar a declaração, e somente ele. 4:27 PM Aug 12th from web

O inocente não ensaia. Tem aparência muito mais criminosa do que um culpado. 1:03 PM Aug 12th from web

É impraticável chorar debaixo do sol. O suor arde e falsifica os olhos. 1:02 PM Aug 12th from web

De tanto chegar atrasado no mesmo horário, eu me tornei pontual. 12:23 AM Aug 12th from web

Só o beijo muda o arrepio de lugar. 11:59 PM Aug 11th from web

Requer muita disciplina ser sempre indisciplinado. 11:58 PM Aug 11th from web

Tire também a roupa de suas palavras. 7:42 PM
Aug 11th from web

Mostrar o que inventei me deixa mais envergonhado do que mostrar aquilo que vivi. 7:40 PM Aug 11th from web

Eu mesmo invado minha privacidade. O que vier depois será recebido como visita. 6:47 PM Aug 11th from web

Mal começamos a amar e já queremos contar a todos. O amor nasceu para ser público. Não suportamos um amor anônimo. 6:45 PM Aug 11th from web

Os passarinhos grampeiam as ligações sussurradas das árvores. 8:56 AM Aug 11th from web

O grilo brinca de esconde-esconde toda a noite até o sol encontrar seu esconderijo. 8:54 AM Aug 11th from web

O enterro é a única festa onde o penetra não teme ser descoberto. 8:52 AM Aug 11th from web

Não conheço outro lugar em que mais se finge intimidade do que velório. 8:51 AM Aug 11th from web

Pode brincar com os meus sentimentos. Gosto de me divertir por dentro. 5:24 PM Aug 10th from mobile web

No amor, o dente deseja roçar como o lábio, o lábio morder como o dente. 4:58 PM Aug 10th from mobile web

De tanto roubar cigarros uns dos outros, os fumantes finalmente foram pegos. Condenados a prisão domiciliar. 4:23 PM Aug 10th from mobile web

Rir não depende de motivo. Riso gostoso é inconsequente. 10:45 AM Aug 10th from web

De tanto esmurrar moscas, termino brigando no almoço.
10:43 AM Aug 10th from web

Depois de pedir licença, temos que devolvê-la. 9:59 AM
Aug 10th from web

O introspectivo é um chato consciente. 10:02 PM
Aug 9th from mobile web

Teríamos que contar com o direito de morrer num abraço (Lendo 'Testamento', de Rilke). 9:22 PM Aug 9th from web

Falar do trabalho em casa é insuportável. Não falar do trabalho em casa é impossível. As separações acontecem nas férias. 9:17 PM Aug 9th from web

Maldade tem que vir pura. Misturada, pode matar. Não aguento maldade caridosa, feita para ajudar. 9:16 PM
Aug 9th from web

O bajulador não muda de opinião. 9:10 PM Aug 9th from web

O carrinho de malas do aeroporto é o Fórmula 1 do carrinho de supermercado. 9:06 PM Aug 9th from web

A bondade maltrata. Não há como retribuir. 9:05 PM Aug 9th from web

Os devotos a Deus são os mais ciumentos. Têm um ciúme transcendente. 3:36 PM Aug 9th from mobile web

Sofro a mania de morar em definitivo no lugar que ficaria somente algumas semanas. 11:35 AM Aug 8th from web

Procuramos os culpados pela nossa tristeza, deveríamos começar a procurar os culpados pela nossa alegria. 11:22 AM Aug 8th from web

O fogo se assusta como um cavalo. 10:57 AM Aug 8th from web

Piorei minha caligrafia para não enjoar de mim. 10:56 AM Aug 8th from web

Homem confuso não é misterioso. No mistério, entende-se tudo e não é suficiente. Diante do confuso, encerramos a conversa no início. 10:47 AM Aug 8th from web

Tenho a teimosia de um hóspede, nunca a tranquilidade de um morador. 10:40 AM Aug 8th from web

O que mais admirava na escola era a ansiedade das provas. Adiava as leituras para estudar meu prazer. 7:44 PM Aug 7th from web

O mar é uma carta para quem partiu. Já temos a areia como rascunho. 7:23 PM Aug 7th from web

Quando morto, não venha cobrir minha cabeça com lençol. Desejo jornal sobre o rosto, morrer bem informado. 12:25 PM Aug 7th from web

Gosto de transformar pote de geleia em copo. A água depois fica com memória de fruta. 12:04 PM Aug 7th from web

Não lembro de nenhum gato atropelado. Os gatos sabem atravessar a rua, os cachorros não aprenderam até hoje. 6:56 PM Aug 6th from web

Com a filha longe, aceno para todo ônibus. 6:55 PM Aug 6th from web

O estranho só tem uma chance comigo para continuar estranho. 6:46 PM Aug 6th from web

Não se engane, a timidez é vistosa, gera mais perguntas do que alguém que chama atenção. 9:35 AM Aug 6th from web

Arrogância: uma ignorância que morreu na infância. 9:32 AM Aug 6th from web

Depois da paternidade, o desejo pensa. 9:10 PM Aug 5th from web

Quem não deixa o fundo é tão superficial quanto quem não abandona o raso. Um morre afogado; o segundo, asfixiado. Comunicar faz a densidade. 6:51 PM Aug 5th from web

A boa ação depende do anonimato, senão é ostentação. 6:48 PM Aug 5th from web

Edipiano é o que nunca fala de sua mãe. 6:14 PM Aug 5th from web

Família grande é uma praia de nudismo. 6:06 PM Aug 5th from web

O ciúme antecipa a ausência do outro, a inveja antecipa a própria ausência. 5:53 PM Aug 5th from web

Os cabelos são a campainha do vento. 10:54 AM Aug 5th from web

O escritor transforma a falta em vaidade. Ele vai se vangloriar inclusive do bloqueio criativo e escrever que não está conseguindo escrever. 12:22 AM Aug 5th from web

O poema é uma profecia fracassada: valoriza o que não aconteceu. 12:19 AM Aug 5th from web

O desamparo é uma solidão avarenta. O amor é uma solidão perdulária. 6:08 PM Aug 4th from web

Quem arruma briga tem muito capricho. É um ódio cuidadoso. 6:06 PM Aug 4th from web

Vejo casais que não beijam, empurram com a boca. 3:11 PM Aug 4th from web

Pensar é escutar o que se quer. 1:18 PM Aug 4th from web

Quem aparece é esquecido. Quem não aparece é lembrado. 11:50 AM Aug 4th from web

O mouse é o pião na mão de meu filho. 11:05 AM Aug 4th from web

O inferno não tem ressaca, a gente somente não saiu dele. 10:59 AM Aug 4th from web

Literatura não é para nos convencer de nossas virtudes, é para encarar nossas limitações. 9:28 AM Aug 4th from web

O verdadeiro amigo denuncia. O falso amigo delata. 12:38 AM Aug 4th from web

Não existe segunda impressão. Para ser impressão, tem que ser sempre a primeira, um erro provisoriamente eterno. 12:37 AM Aug 4th from web

Confundimos impressão com juízo. No juízo, os dois lados são ouvidos. Na impressão, os dois lados são inventados. 12:32 AM Aug 4th from web

O arrogante não é aquele que não dá uma segunda chance, é aquele que não dá nem a primeira. 12:17 AM Aug 4th from web

Chamar alguém de arrogante é arrogância. 12:16 AM Aug 4th from web

Quem erra ao se apaixonar só pode corrigir amando. 8:29 PM Aug 3rd from mobile web

Sorvete depende de pazinha de madeira para quebrar ao final e motivar a boca. 8:28 PM Aug 3rd from mobile web

Se o homem não ronca – cuidado – está morto. 11:08 AM Aug 3rd from mobile web

Não é justo reclamar do homem roncando: é ter um cão protegendo a casa dentro do quarto. 11:06 AM Aug 3rd from mobile web

Espalhar-se é melhor do que o espelho. 8:14 PM Aug 2nd from web

Que Deus fique com a autoria, os pecados são anônimos.
7:46 PM Aug 2nd from web

Pai não deve ser insubstituível, é o que se deixa substituir para que a criança não tenha medo de ser pior do que ele.
7:45 PM Aug 2nd from web

Quando não sabemos como falar um assunto é certo que contaremos do pior jeito. 6:48 PM Aug 2nd from web

De tanto segurar o bocejo, acabei repetindo os pesadelos.
7:55 PM Aug 1st from web

De tanto sentar na mala para fechá-la, canso de partir.
11:38 PM Jul 31st from web

As moscas jogam cartas com suas asas. 11:08 PM Jul 31st from web

A História é feita para os distraídos. Para quem não esperava participar, para quem vivia os desacontecimentos por dentro. 10:59 PM Jul 31st from web

A covardia é atenta. Mais atenta do que a coragem.
10:54 PM Jul 31st from web

NO INVERNO, não levamos somente o café da manhã para a cama, levamos a fome de um dia inteiro. 10:47 PM Jul 31st from web

O homem não precisa imitar um bicho para se tornar um.
10:46 PM Jul 31st from web

Quem não gosta de ser cobrado é quem mais se cobra.
10:45 PM Jul 31st from web

Em briga de casal não se mete a colher, mas ninguém proibiu a faca. 1:58 AM Jul 31st from web

O perfeccionista não quer atingir a perfeição. Ele quer mandar nela. 1:54 AM Jul 31st from web

A fantasia masculina é preguiçosa, já se contenta em descobrir que a mulher está sem calcinha. 1:39 AM Jul 31st from web

O poema é um punhal. Para matar é necessário se aproximar do leitor. 1:16 AM Jul 31st from web

O óbvio também tem pai e mãe. 1:11 AM Jul 31st from web

A briga demora para terminar porque não houve paciência de um dos dois no início da conversa. A pressa de resolver retarda. 1:10 AM Jul 31st from web

Se não casaremos quando os pés são varridos, o que será que acontece quando alguém passa um rodo nos nossos sapatos? 6:03 PM Jul 30th from web

Mexa as chaves no bolso para despertar uma porta.
5:56 PM Jul 30th from web

Não sair do lugar chama mais atenção do que correr como um louco. A árvore é naturalmente escandalosa.
5:25 PM Jul 30th from web

Não paro de cavar um espaço, mesmo que tenha que aproveitá-lo para minha cova. 5:22 PM Jul 30th from web

Os homens pensam no que as mulheres estão pensando. As mulheres pensam no que os homens estão pensando. A liberdade de pensamento é gay.
4:41 PM Jul 30th from web

O único segredo que guardo é aquilo que não entendi.
4:23 PM Jul 30th from web

Abandonar a si é coragem. Abandonar o outro é covardia. 4:18 PM Jul 30th from web

O abraço é o excesso de palavras. 11:16 AM Jul 30th from web

Se é ironia, não pode ser fina. 11:11 AM Jul 30th from web

Qualquer ônibus terá gestante e idoso de pé para nos testar. Ceder o lugar é educação, ceder a janela é generosidade. 11:02 AM Jul 30th from web

Não quero alma gêmea. Isso é incesto. 7:49 PM Jul 29th from web

Meu corpo faz segredo, não me conta tudo. 7:44 PM
Jul 29th from web

Forro as gavetas com papel de presente para depois procurar meu aniversário. 7:43 PM Jul 29th from web

Sou contra a feiura artificial. Minha feiura é autêntica, natural. Não fiz nenhum procedimento estético. #PELOS FEIOS DE NASCENÇA 7:29 PM Jul 29th from web

Meu rosto é caprichosamente desleixado. 7:28 PM
Jul 29th from web

Já pensou na frustração do morcego? Todo mundo espera um pássaro. 7:08 PM Jul 29th from web

Casamos para perder a razão e nos separamos para defendê-la. 6:41 PM Jul 29th from web

Orgulhoso não é o que não deseja pedir desculpa. É o que exige desculpa. 6:19 PM Jul 29th from web

O azar é uma sorte desacreditada. 3:58 PM Jul 29th from web

O perdão é uma desculpa com juros. 3:50 PM Jul 29th from web

Besouro é a fruta dos insetos. 3:49 PM Jul 29th from web

O homem finge que é romântico, para provar que é vulnerável. A mulher finge que não é romântica, para não parecer vulnerável. 3:04 PM Jul 29th from web

Quando criança, disputava superstições. Se acertasse o papel no lixo, seria jogador de futebol. Virei escritor para treinar o tiro na cesta. 2:56 PM Jul 29th from web

Quando tenho um doce predileto na geladeira, finjo que não sei para me surpreender com a novidade. 11:59 AM Jul 29th from web

Nunca conseguimos explicar o motivo de estar amando. Sempre explicamos fácil o motivo da separação. Amar deve ser uma sábia ignorância. 11:47 AM Jul 29th from web

Nada pior do que cobrar um amor. Cobrar o que veio de graça. 11:16 AM Jul 29th from web

Toda janela já foi um espelho. 7:07 AM Jul 29th from web

Identidade é o que a gente mostra para os outros. Caráter é o que a gente guarda para si. 7:03 AM Jul 29th from web

O amor é perversamente sutil. Amar e gostar de amar podem não acontecer ao mesmo tempo. 6:06 AM Jul 29th from web

Na separação, leio somente dicionários. Para me procurar em sinônimos. 5:41 AM Jul 29th from web

A lagarta jura que a borboleta é a sua decadência. 5:38 AM Jul 29th from web

Desabafo de um editor: originais não mereciam esse nome. 5:35 AM Jul 29th from web

Quando arranca, o Fusca estoura um pneu imaginário. #EM TRÂNSITO 9:44 AM Jul 28th from web

O jornal lido no café da manhã parece um dia atrasado ao mesmo jornal vendido na sinaleira. 9:42 AM Jul 28th from web

Quando um não concorda é discussão de relacionamento. Quando os dois concordam é declaração de amor. 9:39 AM Jul 28th from web

Canalha só é notícia quando morto. Quando vivo, é boato.
9:38 AM Jul 28th from web

Rua para ser da infância tem que tossir uma praça antes de terminar. 8:44 PM Jul 27th from web

Vó que não tricotou blusão ao neto ainda é mãe da mãe.
8:27 PM Jul 27th from web

Na hora de passar, os magros pedem licença pelo medo de morrer sozinhos. 8:15 PM Jul 27th from web

As dezenas de guarda-chuvas que perdi são os únicos que poderiam explicar a tempestade de minha vida.
7:46 PM Jul 27th from web

Homem de família é o que acende cigarro com fósforos.
7:42 PM Jul 27th from web

Gosto dos poemas bem curtos que deixam a maior parte da página em branco para nos libertarmos deles. 7:41 PM Jul 27th from web

O ciúme que nasce do verdadeiro amor é totalmente sem motivo. Patético de tão malfeito. O bom ciúme não tem paciência para se inventar. 7:36 PM Jul 27th from web

Nem o amor platônico tem direito de ser preguiçoso. Não requer resposta, mas é necessário formular a pergunta. 7:04 PM Jul 27th from web

A companhia masculina tem que superar a solidão feminina – e isso já é raro. 6:49 PM Jul 27th from web

A carência pode tornar qualquer homem interessante. A solidão pode tornar qualquer homem desinteressante. 6:48 PM Jul 27th from web

Toda mulher insinua que um homem é gay quando está interessada nele. 6:38 PM Jul 27th from web

Não dependo de pacto com diabo para não envelhecer. Sempre que encontro minha tia, ela me chama de pimpolho. 6:10 PM Jul 27th from web

Venha doer comigo, não se isole para sofrer, não quero sua vida editada. 6:04 PM Jul 27th from web

Os namorados disputam quem ama mais. Não percebem que a concorrência secreta vai separando, logo estarão questionando quem é o melhor. 5:57 PM Jul 27th from web

É pelos hábitos que casamos. Dispensava o pratinho da xícara de café. Usava a xícara sozinha. Casar é aceitar o que não precisamos. 11:35 AM Jul 27th from web

Não conheci mulher que não seja no mínimo duas. Mas já vi muito homem pela metade. 10:40 PM Jul 26th from web

Sofrimento não é passivo. Até para sofrer sou autoritário. Tenho que mandar o corpo sofrer mais.
8:09 PM Jul 26th from web

Eu perdoo as mentiras. O que não desculpo é a distorção.
8:05 PM Jul 26th from web

Os pais não ensinam a mentir. Ensinam a não dizer a verdade. Melhor seria se tivessem coragem para tomar posição. 7:57 PM Jul 26th from web

Na infância, meu afeto contido era afeto tolhido. Tão parecidos. 7:56 PM Jul 26th from web

Guardar não é conservar. A imaginação conserva a memória. Sem imaginação, a memória apenas guarda.
7:37 PM Jul 26th from web

O esquecimento é uma espécie de imortalidade. 7:07 PM Jul 26th from web

Seduzir é a arte de aceitar os defeitos. 7:06 PM Jul 26th from web

Verso não é para enganar, é para devolver os enganos. É o estorno do nosso escuro. 7:05 PM Jul 26th from web

O passado é feito para o improviso, puxar uma lembrança e encontrar outra. Ao procurar um livro, passamos a ler toda a estante novamente. 7:04 PM Jul 26th from web

O que adianta ter o controle do vestiário se o técnico não tem o domínio do campo? 10:06 PM Jul 25th from web

Diante de um rio, eu me sinto possível. Diante do mar, acho que não terei tempo. 5:11 PM Jul 25th from web

O riso é a imunidade da relação. Com humor, ninguém se separa. 4:34 PM Jul 25th from web

A invenção é a confissão que a gente é capaz de suportar. 4:29 PM Jul 25th from web

O idiota é ganancioso: sempre pode saber menos.
2:01 PM Jul 25th from mobile web

Desertando, abro guerra comigo. 1:07 PM Jul 25th from mobile web

Caxias do Sul, -4, e ainda não chegou a madrugada. Meu corpo é uma máquina de escrever. A noite me digita com dois dedos. 8:40 PM Jul 24th from mobile web

0º Porto Alegre: O vento faz a barba e só me corta.
11:28 AM Jul 24th from web

Sempre que viajo, esqueço algo de propósito para aumentar a vontade de voltar. 8:31 PM Jul 23rd from web

A verdade envergonha bem mais do que a mentira. 8:10 PM Jul 23rd from web

Homens, parem de mijar sentado. De tanto empurrar para baixo, depois ele não levanta. 2:19 PM Jul 22nd from mobile web

Frase de um garçom, agora: "De repente sou feliz e não sei." 2:07 PM Jul 22nd from mobile web

Acordar é suavidade. Não suporto despertador. Despertador tinha que ser usado somente depois de morto. 1:41 PM Jul 22nd from mobile web

Mariana, minha filha, filósofa: o cachorro é redundante. Tem razão. O gato é um eufemismo. 12:59 PM Jul 22nd from web

O amante é um marido ainda mais ciumento. **Tem ciúme dele mesmo.** 9:14 PM Jul 21st from web

O que deveria ser suave é o mais extravagante. **O suspiro, por exemplo. O suspiro pede sempre uma pergunta.** 9:10 PM Jul 21st from web

A vaidade é homicida, a modéstia é suicida. 8:59 PM Jul 21st from web

Percebi que envelheci quando passei a escutar rádio AM no carro. 6:58 PM Jul 21st from mobile web

Fui levantar uma caixa de livros, contratura muscular. Pontada violenta nas costas. Ajoelhei no ato. A dor é brega. 6:44 PM Jul 21st from mobile web

Aprendi a dançar Axé chamando garçom. 5:28 PM Jul 21st from mobile web

Diante de perguntas sobre preferências musicais, quando alguém responde que tem um 'gosto eclético' quer dizer que não tem gosto nenhum. 5:24 PM Jul 21st from mobile web

Quando estou triste, sou irônico. Quando estou alegre, sou sarcástico. 12:23 PM Jul 21st from mobile web

A difamação pode chegar antes da fama. 8:28 PM Jul 20th from web

Se você vem sendo chamado de fofo pela namorada está a um passo do despejo. 7:36 PM Jul 20th from web

As galochas são as pantufas do banhado. 6:15 PM Jul 20th from web

Não tenho pena de quem enxerga fantasmas, mas dos fantasmas que continuam nos escutando sem conseguir nos interromper. 8:20 PM Jul 19th from web

A página em branco se apavora muito mais do que o escritor. 8:04 PM Jul 19th from web

As moscas nasceram dos bocejos. Os mosquitos se vingaram e criaram a insônia. 1:24 PM Jul 19th from web

A sinceridade não pode ser maior do que a educação. 4:44 PM Jul 18th from web

Ela não imaginava minha existência, eu sempre duvidei dela. Estavámos quites. 3:52 PM Jul 18th from web

As lagartixas são tremendamente mentirosas. Não olham nos olhos. 12:23 PM Jul 18th from web

Invejo quem caminha com as costas erguidas. Com pose de nadador. Nunca cuidei de minha postura. Sempre fui uma cadeira de praia. 12:20 PM Jul 18th from web

Sempre falaremos que o outro foi covarde quando não seguiu o que desejávamos. 12:18 PM Jul 18th from web

Prefiro um amor lento no início para ensaiar a velhice do que um amor rápido para treinar sua morte. 12:18 PM Jul 18th from web

Desconhece-te a ti mesmo – antes que alguém te denuncie. 4:26 PM Jul 17th from web

A beleza põe a mesa. Faço a cama. 5:25 PM Jul 16th from web

O gato é um passarinho que engoliu as asas, por isso salta tão alto. #BLOG 5:21 PM Jul 16th from web

Ninfomaníaca: uma tarada rica. Tarada: uma ninfomaníaca pobre. #SEGUINDO O BARÃO DE ITARARÉ 7:25 PM Jul 14th from web

A gripe tem receio de perder suas metáforas. Vive escrevendo seus poemas súbitos em lenços de papel. 12:45 AM Jul 10th from web

Cócega é quando o corpo conta a piada. 4:11 PM Jul 9th from web

Solidão é não ter mais amigo para fazer churrasco. 3:36 PM Jul 9th from web

Sei que estou amando quando não volto mais ao passado desacompanhado. 10:04 AM Jul 8th from web

Mulheres deprimidas são mais bonitas. Descobriram que nada envaidece mais do que a dor. #FRASE DE MANICURE 4:12 PM Jul 7th from web

Na noite quem é sóbrio sobra. 4:11 PM Jul 7th from web

Na separação, descobrimos se foi amor ou investimento. No 1º, chora-se o tempo que não foi vivido. No 2º, chora-se o tempo desperdiçado. 4:10 PM Jul 7th from web

Desliga o som do carro, ela disse. Gosto de escutar as rodas na água. 1:53 PM Jul 7th from web

Cheguei atrasado para a chuva. 12:14 AM Jul 7th from mobile web

Filho de peixinho, oceano é. 10:25 AM Jul 7th from web

Geraldo sabia do valor das coisas desimportantes: por exemplo, como se tira o amarelo das teclas do piano. Somos o que ninguém perguntou. 8:16 PM Jul 6th from web

Maldição ser filho de escritores. Depois de adulto, vivem puxando as orelhas de meus livros. 7:19 PM Jul 6th from web

Sou ocupado de distrações. 9:50 AM Jul 6th from web

Eu pouco ouvi meu nome de tantos apelidos que recebi. 9:16 AM Jul 6th from web

Minha mãe remendava os rasgões das calças e das camisas no meu próprio corpo. #INFÂNCIA 1 9:11 AM Jul 3rd from web

Colocava uma lâmpada para proteger a pele. Ou uma maçã. #INFÂNCIA 2 9:10 AM Jul 3rd from web

O que me leva a concluir que meu corpo está costurado
às lâmpadas e maçãs. #INFÂNCIA 3 9:09 AM Jul 3rd from web

Aviso de uma placa - apagada- dentro de ônibus:
"Converse com o motorista somente o dispensável"
8:51 PM Jun 30th from mobile web

Aviso de uma biblioteca pública no interior do RS:
"Silêncio, escritores conversando." 8:48 PM Jun 30th
from mobile web

Com a internet, o livro ganhou um amigo imaginário.
Antes ficava tão sozinho, sem ninguém para brincar.
12:29 PM Jun 30th from web

Meus dentes são tortos. Esse é o meu método.
Mastigo as palavras. Vou falando sozinho até ser ouvido.
12:27 PM Jun 30th from web

Humildade é uma ambição para baixo. 12:26 PM Jun 30th
from web

O bom de pescar com lança é que apanhamos, além do peixe, a sombra do peixe. 12:25 PM Jun 30th from web

Por que os garçons nunca anotam o pedido da bebida? 12:04 AM Jun 30th from web

Quero uma mulher que seja uma puta na sociedade e uma dama na cama. 4:08 PM Jun 27th from web

Nunca ninguém me disse: "Seu rosto não me parece estranho." Sempre me acharam estranho. 3:59 PM Jun 27th from web

Assim como a gente se arruma para sair, literatura é se arrumar por dentro. Deixar a solidão vistosa. 3:36 PM Jun 27th from web

Só amo por encomenda, mas costumo ficar com a entrega. 7:06 PM Jun 25th from web

Nosso corpo encolhe ao longo da vida de propósito. Para aceitar dar espaço. 11:35 AM Jun 25th from web

O que o filho mais pede é a sequência. Que aquela história que você leu no dia anterior tenha sentido no dia seguinte. 11:33 AM Jun 25th from web

A paternidade é uma paciência consigo mais do que com os filhos. 11:32 AM Jun 25th from web

A falta de lugar é o que faz escrever. Não é o lugar. Se você tem um lugar, você não vai escrever. Escrever é procurar um lugar. 11:29 AM Jun 25th from web

Um poeta que se dá bem com todo mundo está fazendo uma outra coisa que não poesia. Deveria estar trabalhando no Itamaraty. 11:25 AM Jun 25th from web

O homem que não sabe rir de si mesmo não vai sair de uma dor de cotovelo. 11:24 AM Jun 25th from web

A saudade é a única mentirosa em que acredito. 8:37 PM Jun 23rd from mobile web

O que não mata não foi devidamente revisado. 3:54 PM Jun 23rd from web

Não sei se Twitter é literatura, mas é ótimo para treinar epitáfios. 3:06 PM Jun 23rd from web

Democracia no amor é não escolher nem o que se quer nem o que ela quer. É ir aonde não se iria sozinho. 2:55 PM Jun 23rd from web

A vida amorosa do homem começa quando ele leva um fora de sua mãe. 2:12 PM Jun 23rd from web

O quarto depende da dignidade de um corredor para curar um pesadelo. 2:10 PM Jun 23rd from web

Adaptar-se é mudar com prazo de validade e logo voltar a ser o que era. Mudar mesmo é não lembrar de ter sido antes do amor. 2:08 PM Jun 23rd from web

Brigue e vá dormir com ela, quieto em seu canto. Não tente resolver nada. O delicioso é que o corpo firmará a paz antes mesmo das palavras. 12:16 PM Jun 23rd from web

Podemos chegar atrasados nas próprias lembranças.
12:08 PM Jun 23rd from web

Uma estante não tem portas para que a gente possa arrancar mais facilmente o livro dali. 11:27 AM Jun 23rd from web

Eu já me abandonei várias vezes. Deveria ter me mandado uma carta: "Desculpe por não ter escrito antes." 11:24 AM Jun 23rd from web

A rédea faz com que o cavalo nos controle. 11:22 AM Jun 23rd from web

Se a criança pede - infelizmente - licença para ler, o adulto tardiamente alfabetizado é obrigado a pedir desculpa. 11:21 AM Jun 23rd from web

O quintal é uma rua sem saída. 11:20 AM Jun 23rd from web

Quem não lê dificilmente aprende a ficar quieto. 11:17 AM Jun 23rd from web

O Twitter é um torpedo que a gente manda a si mesmo. E vai respondendo. 10:59 PM Jun 22nd from web

Depois das 15h, não tenho mais fome. Depois das 23h, não tenho mais fome. Sempre que demoro para comer, a fome me sacia. 10:55 PM Jun 22nd from web

Quando chamo alguém de ingrato estou sendo ainda mais ingrato. Cobro um favor que já foi dado. 12:12 PM Jun 22nd from web

O porão é a parte da casa que jogamos fora. 12:10 PM Jun 22nd from web

O chato, o fanático e o idiota entendem de amor. Não são recompensados. 12:14 AM Jun 22nd from web

As reticências são latifúndios improdutivos. 12:13 AM Jun 22nd from web

Restaurante chique não sabe improvisar. 5:55 PM Jun 21st from web

Quando se aposenta dos rios, o vento envelhece no deserto. 5:51 PM Jun 21st from web

Tangerina é uma fruta didática. Não há como errar a divisão do gomo. 12:58 PM Jun 21st from web

Name: Fabrício Carpinejar

Location: Brasil

Web http://www.fabriciocarpinejar.blogger.com.br

Bio: Nada a meu favor.

Este livro foi impresso no
Sistema Digital Instant Duplex da Divisão Gráfica da
DISTRIBUIDORA RECORD DE SERVIÇOS DE IMPRENSA S.A.
Rua Argentina, 171 – Rio de Janeiro/RJ – Tel.: (21) 2585-2000